Theo Stieger

Wenn Heranwachsende Fragen stellen...
Eucharistie heute
Fragen – Einsichten – Vertiefungen

Den Katechetinnen und Katecheten im Bistum St. Gallen gewidmet

**Thesis 2006
ars theologica**

Bibliografische Information der Deutschen Bibliothek
Die Deutsche Bibliothek verzeichnet diese Publikation in der deutschen
Nationalbiografie; detaillierte Daten sind im Internet über
http://dnb.ddb.de abrufbar

Stieger, Theo:
Wenn Heranwachsende Fragen stellen…
Eucharistie heute. Fragen-Einsichten-Vertiefungen

Egg: Thesis Verlag, 2006
(Reihe ars theologica)
ISBN 3-908544-85-8

© 2006 Theo Stieger und Thesis Verlag

Titelblatt: Othmar Senn, Wil SG
Druck: IPOLY, Erding (D)

Inhaltverzeichnis

Vorwort	6
Einleitung	8
Eucharistie – eines der sieben Sakramente	9
Eucharistie ist ein Gedächtnis	14
Christus wird im Gedächtnis der Eucharistie für uns wirklich gegenwärtig	16
Die Wandlung der Gaben – Was wandelt sich wirklich?	20
Wie lange bleibt Christus in der Hostie gegenwärtig?	23
Verschiedene Bezeichnungen – verschiedene Aspekte	25
Woher stammt die Struktur der Messfeier?	28
Fragen zur liturgischen Gestaltung	33
Eucharistisches Mahl und himmlisches Gastmahl	36
Die Bedeutung der Eucharistie für die Kirche	38
Das Problem der eucharistischen Gastfreundschaft	41
‚Einladung' oder ‚Sonntagspflicht'	45
Eucharistie – Gabe Christi und bleibender Auftrag	47
Anmerkungen	48
Weiterführende Literatur	52

Vorwort

Die katholische Kirche in den deutschsprachigen Ländern investiert sehr viel Energien und Finanzen in den Religionsunterricht an öffentlichen Schulen und in die Katechese. Dabei wird oft die Glaubensunsicherheit, ja sogar Glaubensnot, von Erwachsenen übersehen. Eltern von heranwachsenden Kindern sind durch Fragen, die ihre Söhne und Töchter zu zentralen Glaubensinhalten stellen - oder eben nicht mehr stellen - verunsichert und teilweise hilflos. Wie können Erwachsene auf Fragen, geäusserte Zweifel und Kritiken von jungen Menschen eingehen? Was sollen sie antworten? Wie ihnen Perspektiven des Glaubens aufzeigen?

Im gesamten Bildungswesen wird heute der Ruf nach einer „Bildungsoffensive" laut. Elementares Grundwissen soll neu formuliert und den Menschen nahe gebracht werden. Warum nicht auch im Bereich unserer katholischen Konfession?

Die vorliegende Publikation „Wenn Heranwachsende Fragen stellen… Eucharistie heute. Fragen - Einsichten - Vertiefungen" möchte Erwachsenen helfen, sich Grundfragen unseres katholischen Glaubens zu stellen, eigene Vorstellungen zu hinterfragen, Einsichten der heutigen Theologie zu vertiefen und sich ein Rüstzeug anzueignen, das sie befähigt zu einem vertiefenden Glaubensgespräch mit eigenen Kindern und Jugendlichen oder mit andern suchenden Menschen.

Erfahrungen aus der Seelsorge zeigen, wie selbst Erwachsene, die in einer gewissen Regelmässigkeit die sonntägliche Messe besuchen, bei Fragen darüber, was wir eigentlich im Sakrament der Eucharistie feiern, leicht unsicher werden und ins Stocken geraten. Rückfragen von Kindern und Jugendlichen fordern sie heraus. Was heisst das: Christus wird wirklich (real) gegenwärtig? Warum ist jede Messfeier nach einem klaren Aufbau gegliedert? Welche Elemente in der Messfeier können flexibel gestaltet werden? Ist es für die katholische Kirche tatsächlich ein Problem, wenn Nicht-Katholiken oder Nichtchristen am eucharistischen Mahl teilnehmen möchten? Warum besteht die katholische Kirche auf dem regelmässigen Messbesuch? Auf diese und weitere Fragen möchte diese Schrift eingehen.

Ausgangspunkt der einzelnen Kapitel sind Begebenheiten oder Fragestellungen aus der konkreten unterrichtlichen oder seelsorgerlichen Praxis. Dann wird aus der Sicht der Theologie auf die Fragestellung eingegangen und gewisse Aspekte werden vertiefend dargelegt. Abschliessend folgen Impulse für das eigene Leben sowie Anregungen für ein Gespräch mit Kindern und Jugendlichen über das Thema.

Theo Stieger

Einleitung

Das Zweite Vatikanische Konzil hat 1964 im 2. Kapitel in der Konstitution über die Kirche die Eucharistie als *‚Quelle und Höhepunkt des ganzen christlichen Lebens'* [1] bezeichnet. Ebenso wird das Sakrament der Eucharistie im 2. Kapitel des Dekretes über die Hirtenaufgabe der Bischöfe in der Kirche 1965 als *‚Mitte und Höhepunkt des ganzen Lebens der christlichen Gemeinde'* [2] erwähnt. Diese besondere Heraushebung eines Sakramentes zeigt, dass die Eucharistie sowohl für das Leben des einzelnen wie für die christliche Gemeinde eine ganz zentrale Bedeutung hat.

Nach dem Sprechen der Wandlungsworte nennt der Priester das vollzogene Geschehen *‚ein Geheimnis des Glaubens'*. Mit allen verstandesmässigen Überlegungen und rationalen Erklärungsversuchen werden Menschen das letzte Geheimnis dieses Sakramentes nicht lüften können. Der persönliche Glaube und der Glaube der ganzen mitfeiernden Gemeinde sind gefordert.

Dies darf uns Menschen aber nicht hindern, dieses Sakrament auch verstandesmässig zu hinterfragen. Uns ist der Verstand gegeben, um innere Zusammenhänge zu erkennen. Der Mensch ist von Natur aus begierig, Hintergründe des Lebens, der Schöpfung und auch der religiösen Dimension des Menschen möglichst weitgehend zu erhellen. Glaube steht da nicht gegen die wissenschaftliche Forschung. Grosse Theologen, Philosophen, Kirchenväter und Konzilien haben immer wieder versucht, mit wissenschaftlichen Überlegungen ein Stück weit das Glaubensgeheimnis der Eucharistie aufzuhellen.

So werden in dieser Schrift - aufbauend auf biblischen Erkenntnissen - Fragen und Problemstellungen zur Eucharistie vor allem aus der Sicht der systematischen Theologie erschlossen.

Eucharistie – eines der sieben Sakramente

> *Im Religionsunterricht besprach der Katechet mit den Schülerinnen und Schülern die Sakramente. Die Kinder begannen mit der Aufzählung: Taufe, Erstkommunion, Firmung ... Bei den folgenden Sakramenten kamen sie schon leicht ins Stocken. Schliesslich fand einer die Antwort: Hochzeit. Auf die weitere Frage des Katecheten, ob ihnen nicht noch ein weiteres Sakrament in den Sinn komme, antwortete ein Schüler: die Scheidung!*

Diese Schülerantwort regt zum Nachdenken an: Sakrament der Scheidung – wieso eigentlich nicht? Die Sakramente, welche die katholische Kirche kennt, sind an jenen Orten des Lebens platziert, wo es um existentielle Erfahrungen im menschlichen Dasein geht. Scheidung ist für viele heutige Menschen tatsächlich eine solche existentielle Erfahrung ihres Lebens.

Weshalb aber bezeichnet die katholische Kirche heute nur sieben kirchliche Handlungen als Sakramente? Was sind sie eigentlich, die Sakramente, und was bewirken sie? Sind sie nicht magische Zeichen, die es gilt, richtig anzuwenden, um eine gewünschte Wirkung zu erzielen? Sind sie nicht Hokuspokus?
(Die Herkunft des Wortes „Hokuspokus" ist ungewiss. Gemäss einer möglichen Erklärung stammt es tatsächlich von Erfahrungen mit einem Sakrament, nämlich aus der Mitte der Eucharistiefeier: Früher, als die Messe noch in lateinischer Sprache gefeiert wurde, sprachen viele Priester, um die zentrale Bedeutung der Heiligen Wandlung zu unterstreichen, die Wandlungsworte ‚*Hoc est enim corpus meum*' oft in fast beschwörender Art: ‚*Hoc - est - enim - corpus - meum*'. Die Gottesdienstbesucher nahmen den Satz nur bruchstückhaft wahr. So entwickelte sich daraus als eine Art Verballhornung das Wort ‚*Hokuspokus*'.)

Was versteht also die katholische Kirche unter einem Sakrament?

Sakramente sind sichtbare Zeichen, die stärkend und heilend in unser Leben eingreifen, und die rückführbar sind auf Jesus Christus oder die frühchristliche Praxis. Mit diesen Kriterien wird die Reduktion auf die Siebenzahl begründet. Vor dem Konzil von Trient (1547) kannte die Kirche wesentlich mehr Sakramente. Manche von diesen bezeichnen wir heute als Sakramentalien (z.B. diverse Segnungen, Weihen usw....).
Wichtig ist zu beachten, dass Gott auch ohne diese sichtbaren Zeichen der Kirche einen Menschen innerlich stärken und heilen kann. Er ist nicht an diese Zeichen gebunden. Bereits die mittelalterliche Theologie hat formuliert: Die Sakramente sind wegen der Menschen da. Der Mensch ist ein geist-leibliches Wesen. Was sich im Geistigen des Menschen abspielt, drückt sich in seiner Leiblichkeit aus. Z.B. Wenn ich Streit habe, weil mich jemand beleidigt hat, reicht es nicht, nur innerlich zu denken: „So, ich will wieder Frieden haben mit dem andern." Dieser mein Wille zum Frieden ‚verleiblicht' sich, wenn ich mein Gegenüber anspreche und ihm die Hand zum Frieden reiche. Dadurch wird für ihn deutlich: es gilt. Er bekommt eine sichtbare Vergewisserung, dass ich mit ihm wirklich Frieden schliessen will. Die Sakramente sind in ähnlicher Art sichtbare Zeichen, die verdeutlichen, wie Christus einen Menschen in verschiedenen ‚existentiellen Knotenpunkten des Lebens' [3] begleiten will.

Menschliche Lebenssituationen, welche die Sakramente, die seit dem Konzil von Trient (1547) auf sieben begrenzt sind [4], auf spezielle Art begleiten, sind:

die Geburt:

>Beim Start ins Leben macht das Sakrament der **Taufe** deutlich: Gott nimmt den Täufling als sein Kind an. Christus begleitet sein Leben. Er ist in die Gemeinschaft der Kirche eingegliedert.

das Heranwachsen:

>Wie die äussere Nahrung lebensnotwendig ist, braucht ein Mensch zur Entwicklung seiner inneren Kräfte und zur Vertiefung seines Glaubens Nahrung. Im Sakrament der **Eucharistie** gibt Christus selbst diese Nahrung und Stärkung.

das Erwachsen-Werden:

> Im Sakrament der Mündigkeit, in der **Firmung**, schenkt Gott selbst seinen Heiligen Geist, der die Firmlinge im Glauben festigt und sie stark macht für ein Leben, das sich an Jesus Christus orientiert.

Diese drei Sakramente wurden in der ersten Zeit des Christentums – als vorwiegend Erwachsene getauft wurden – zusammen gespendet, und zwar in der Reihenfolge: Taufe, Firmung, Eucharistie. Diese Sakramente bezeichnet man als Initiationssakramente, Eingliederungssakramente. Durch den Empfang dieser Sakramente wird jemand voll in die kirchliche Gemeinschaft eingegliedert. Die Bedeutung dieser Sakramente für den persönlichen Glauben eines Menschen lässt sich mit einem Bild illustrieren:

In der Taufe wird gleichsam der Same des Glaubens eingepflanzt.

> In der Eucharistie gibt Christus Nahrung zur Entfaltung und zum Wachsen des Glaubens

> > In der Firmung gibt der Geist Gottes Stärke und Kraft, damit der Glaube in den Stürmen des Lebens standhalten kann.

Folgende Lebenssituationen werden ebenfalls durch ein Sakrament begleitet:

das Schuldig-Werden:
> Im **Versöhnungssakrament** (Busse/Beichte) wird deutlich erlebbar, dass Christus die Schuld vergibt, wenn echte Reue und der feste Wille zur Abkehr von einem verfehlten Weg gegeben sind.

die Entscheidung für eine bestimmte Lebensform in der Ehe oder als Priester:
> Im **Ehesakrament** und im Sakrament der **Priesterweihe** wird verdeutlicht, dass Christus den von Menschen frei gewählten Lebensstand auf besondere Weise begleiten will.

die Krankheit:
> Im Sakrament der **Krankensalbung** zeigt Christus einem Menschen in den bedrückenden Momenten von schwerer Erkrankung, Sterben und Tod seine Nähe und Zuwendung.

Die Wirkung der Sakramente hängt nicht ab von der Heiligkeit dessen, der das Sakrament spendet, denn Ursache der Gnade ist einzig Gott und Jesus Christus. Wenn der sakramentale Ritus gültig vollzogen wird, handelt Christus. Die Kirche nennt dies in der Fachsprache: Wirkung *ex opere operato* (Wirkung aufgrund des Vollzugs des Ritus). Damit das Sakrament aber für denjenigen, der es empfängt, auch fruchtbar wird, muss die innere Bereitschaft da sein, das Angebot Jesu Christi anzunehmen.

Impulsfragen zur persönlichen Vertiefung

- Welche Bedeutung hatten für mich die Erstkommunion, die Firmung, die kirchliche Hochzeit?
- Welche Bedeutung haben die Sakramente heute für mich in besonders schwierigen oder froh machenden Momenten meines Lebens?
- Welche Gefühle löst der Empfang der Sakramente als ‚handgreifliches' Zeichen der Begleitung durch Jesus Christus in mir aus?

Anregungen für das Gespräch mit Kindern und Jugendlichen

- Um den tieferen Sinn der sakramentalen Handlungen aufzuschlüsseln, könnte ein Gespräch bei Eigenerfahrungen der Kinder und Jugendlichen ansetzen: Ein Händedruck als zusätzliches äusseres Zeichen von Versöhnung wird als bedeutungsvoller empfunden, als nur die Zusage eines Menschen, dass er mir verzeiht. Ein trauerndes Kind erfährt (zum Beispiel nach dem Tod eines geliebten Haustieres) eine zärtliche Umarmung von Mutter oder Vater intensiver als Trost wie nur ein tröstendes Wort. – So deuten auch sakramentale Zeichen für die Sinne erfahrbar an, was sie im Innern bewirken.
- Kinder und Jugendliche erfahren manchmal Einsamkeit, Unverständnis und persönliches (z.B. schulisches) Versagen. Sie haben dann oft das Gefühl von Liebesentzug oder von Minderwertigkeit. Ihr Selbstwertgefühl wird ab und zu auf die Probe gestellt: Mich mag keiner; ich kann nichts; ich bin nichts...

In einem Gespräch könnte aufgezeigt werden, dass die Sakramente Zeichen dafür sind, dass Christus den Menschen gerade in schwierigen Situationen und Entscheiden nahe sein will. Er begleitet sie in allen Höhen und Tiefen ihres Lebens. Besonders in den Sakramenten Taufe, Versöhnung und Eucharistie machen die sakramentalen Zeichen auf je eigene Art deutlich, dass Christus uns Menschen annimmt, so wie wir sind, dass er uns vergibt und dass er uns innerlich stärken will.

Eucharistie ist ein Gedächtnis

> *Wir kennen verschiedene Gedächtnistage im Verlauf eines Jahres: Wir feiern den eigenen Geburtstag; ein Staat begeht den Nationalfeiertag; in der Kirche halten wir das Jahresgedächtnis für eine Verstorbene oder einen Verstorbenen.*
>
> *Ist die Eucharistie in ähnlicher Art eine Gedenkfeier, wie die oben angeführten Beispiele?*

Beim letzten Abendmahl hat Jesus den Aposteln aufgetragen: *„Tut dies zu meinem Gedächtnis"* (Lk 22,19). Nach der Wandlung bekennen wir: *„Deinen Tod verkünden wir und deine Auferstehung preisen wir, bis du kommst in Herrlichkeit"*. Bis heute erinnern sich Christinnen und Christen also zurück an die zentralen Ereignisse unserer Erlösung: an das Leben Jesu, sein Sterben am Kreuz und seine Auferstehung.

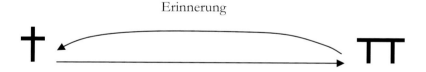

Soweit gleicht die Eucharistie anderen Gedächtnissen, in denen sich Menschen immer wieder bestimmte geschichtliche Ereignisse ihres persönlichen Lebens (z.B. Geburtstag) oder eines Staates (z.B. Nationalfeiertag, Kantonsgründung) feiernd in Erinnerung rufen. Es ist eine Rückerinnerung an einmal Geschehenes, das auch für heutige Menschen bedeutsam bleibt. Das Gedächtnis in der Eucharistie geht aber noch darüber hinaus.

Impulsfragen zur persönlichen Vertiefung
- Welchen Stellenwert haben Gedenktage in meinem persönlichen Leben?
- Was bedeutet mir die Rückerinnerung auf wichtige Ereignisse in meinem Leben (runde Geburtstage, Arbeitsjubiläen, Todestag von Angehörigen...)?
- Verändert die Besinnung auf entscheidende Ereignisse meines Lebens gewisse Einstellungen und Haltungen dem Leben gegenüber?
- Inwieweit gibt mir die Rückerinnerung an das Leben und Wirken, an das Sterben und die Auferstehung Jesu neue Impulse für mein Leben?

Anregung für das Gespräch mit Kindern und Jugendlichen
- Erfahrungen von familiären Gedächtnisfeiern können Kinder und Jugendliche anregen, selber weiter zu fragen: Warum feiern wir dieses Fest? Was hat diese Person, an die wir denken, geleistet? Was ist der Sinn von solchen Feiern? – Gespräche darüber können Heranwachsenden helfen, Vergangenes einzuordnen und die Bedeutung von Vergangenem für die Gegenwart und eventuell auch für die Zukunft zu erkennen.
- Eine familiäre Gedenkfeier wird oft als etwas Froh-Machendes und Gemeinschafts-Stiftendes erfahren. Bei Gesprächen über das Gedächtnis in der Eucharistiefeier lässt sich gut bei familiären Gedenkfeiern anknüpfen, wo Heranwachsende selbst Fröhlichkeit und Zusammengehörigkeit erfahren haben.

Christus wird im Gedächtnis der Eucharistie für uns wirklich gegenwärtig

> *Jesus hat verheissen: „Ich bin bei euch alle Tage bis ans Ende der Welt" (Mt 28,20).*
> *Daran glauben alle Christen. Was meint die katholische Kirche aber damit, wenn sie sagt: Christus ist in der Eucharistie wirklich (real) gegenwärtig?*

Diese Tatsache bezeichnet der Begriff ‚*Realpräsenz*' (wirkliche Gegenwart). Das Leben, sein Tod und seine Auferstehung werden in der Eucharistie nicht nur in Erinnerung gerufen (wie bei anderen Gedenkfeiern), sondern sie werden in der Messfeier gegenwärtig gesetzt. Die vorhergehende Skizze kann wie folgt ergänzt werden:

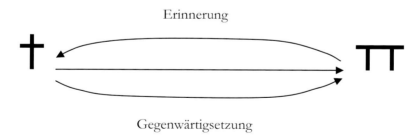

Was Jesus damals getan hat, wird in der Messfeier wirklich und unmittelbar erfahrbar: Seine verschenkende Liebe, seine Hingabe bis zur letzten Konsequenz.

Beim Begriff ‚*Realpräsenz*' gilt es aber einige Missverständnisse zu vermeiden:

- Die Feier der Eucharistie ist **nicht eine Wiederholung** des Lebens, Wirkens und des Todes Jesu am Kreuz. Er hat sich ‚ein für allemal' – wie Paulus in Röm 6,10 formuliert – hingegeben, und zwar bis hin zum brutalen Tod am Kreuz. Bei der Eucharistiefeier wird die gleiche Hingabe Jesu gegenwärtig gesetzt, aber auf unblutige Weise: Er verschenkt sich den Mitfeiernden als Speise, als innere Stärkung zum Leben.

- Von da her ist auch die oft diskutierte Frage entschärft: Ist die Messe primär ein **Opfer oder ein Mahl**? *Jesus* hat sich seinem Vater dargebracht durch sein Leben, das er „im Gehorsam gegenüber dem Schöpfergott bis in den Tod konsequent nach dessen Vorgaben gelebt hat" [5]. Diese Hingabe Jesu wird in der Messfeier gegenwärtig gesetzt. Christus verschenkt sich aber auch den Mitfeiernden in der Eucharistie. Er gibt sich hin in der Form des Mahles. Doch auch die Messbesucher opfern etwas: Sie bringen ihre guten Taten vor Gott, aber auch alles, was unvollkommen geblieben ist. Dies wird zum Ausdruck gebracht mit den Gaben von Brot und Wein, die dargebracht werden. Durch die Wandlung in den Leib und das Blut Christi wird diese Opfergabe - Brot und Wein - gleichsam ‚vervollkommnet'. Dieser Vorgang lässt sich vergleichen mit einem Beispiel aus unserem Alltag: Ein kleines Kind möchte seinem Vater zum Geburtstag ein Geschenk basteln. Da ihm das nötige Geschick noch fehlt, hilft ihm die Mutter, damit das Geschenk auch gelingt. Das Kind darf dann aber die Bastelarbeit als *sein* ganz persönliches Geschenk dem Vater überreichen. Auf ähnliche Weise vervollkommnet Christus unsere Opfergabe und derselbe Christus wird uns als Speise zum Leben im Mahl zurück geschenkt. Opfer- und Mahlcharakter sind daher in der Messfeier nicht Begriffe des Entweder - Oder, sondern des Sowohl - als - auch.

- Ein weiteres Missverständnis ist auszuräumen:

In der Apsis einer alten christlichen Kirche in Şirince, nahe Ephesus, befindet sich dieses alte Fresko (ein Kelch, in welchem Christus als Auferstandener dargestellt wird).
Der Künstler wollte mit diesem Bild wohl die wirkliche Gegenwart Jesu Christi in den gewandelten Gaben von Brot und Wein andeuten. Die Lehre der wirklichen Gegenwart, der Realpräsenz, darf aber nicht so verstanden werden, dass Jesus Christus (wie es diese Darstellung vermuten lässt) in seiner **Körperlichkeit** gegenwärtig wird. ‚Das ist mein Leib', ‚das ist mein Blut' heisst:

Das bin ich, und zwar wirklich. Jesus sagt; ‚nehmt und esst', ‚nehmt und trinkt': Er ist wirklich da, aber auf geheimnisvolle Weise als Speise und Trank zu unserer inneren Stärkung.

Impulsfragen zur persönlichen Vertiefung
- Was bedeutet mir die reale Gegenwart Christi in der Eucharistie, die über ein reines Gedenken hinausgeht?
- Die gewandelten Gaben des eucharistischen Mahles möchten mir helfen, mich zum Guten zu wandeln. – Gab es Momente, in denen ich die Zuwendung Jesu Christi und seine Stärkung in der Eucharistie besonders gespürt habe und sich dadurch in meinem Leben tatsächlich etwas gewandelt hat?

Anregungen für das Gespräch mit Kindern und Jugendlichen
- Jugendliche tragen oft ein Foto ihrer Freundin oder ihres Freundes bei sich, oder sie haben dieses Bild auf ihrem Handy gespeichert. Beim Betrachten dieses Bildes fühlen sie sich dieser Person eng verbunden. Die Erfahrung der Nähe zu dieser Person erreicht aber eine völlig andere Qualität, wenn diese Person wirklich da ist, wenn sie mit ihr reden können, wenn sie ihre Nähe unmittelbar spüren können. Ähnlich schenkt uns Christus in den erfahrbaren Zeichen von Brot und Wein auf geheimnisvolle Weise eine unmittelbare Erfahrung seiner Gegenwart und seiner zuwendenden Liebe.
- Kinder und Jugendliche erfahren immer wieder ihre eigenen Schwächen, Unvollkommenheiten, ihr Versagen. Durch die reale Gegenwart Christi im sakramentalen Brot wird ihnen verdeutlicht: er kommt zu ihnen, er schenkt sich ihnen wirklich, er vereinigt sich mit ihnen, um sie innerlich stark zu machen für ein gelingendes Leben.

Die Wandlung der Gaben – Was wandelt sich wirklich?

> *Bei Religionsschülerinnen und -schülern der oberen Klassen kann das Thema „Wandlung von Brot und Wein" oft zu heftigen Diskussionen führen. Wie sollen sie das verstehen, dass in diesen Gaben von Brot und Wein Christus wirklich gegenwärtig wird mit seinem Leib und seinem Blut? Würde man die Gaben nach der Wandlung chemisch untersuchen, wären sie doch genau das Gleiche wie vorher: Brot und Wein. Beide schmecken nach der Wandlung noch genau gleich…*

Die Frage beschäftigt auch Erwachsene. Wie ist die reale Gegenwart Christi im Brot und Wein zu verstehen? Wie kommt sie zustande? Was bewirken denn eigentlich die Wandlungsworte?
Das Konzil von Trient hat sich an seiner 13. Session 1551 mit dieser Frage eingehend beschäftigt und definiert, dass sich durch die Einsetzungsworte die ‚Substanz' der Gaben von Brot und Wein wandelt, dass aber die erfahrbare äussere Wirklichkeit (Species) gleich bleibt [6].
Bei dieser Definition stossen heutige Menschen auf ein grosses Problem: Der Begriff ‚Substanz' besagt in unserer Zeit etwas Materielles, Greifbares, etwas Handgreifliches, Körperliches. Und genau das, das Äussere, das Erkenn- und Greifbare wandelt sich ja nicht!
Diese Tatsache legt nahe zu fragen, wie denn das Konzil von Trient diesen Begriff verstanden hat.

Wir stellen tatsächlich fest, dass wir heute unter ‚Substanz' etwas anderes verstehen als was das Konzil von Trient mit ‚Substanz' bezeichnet hat. Das Konzil hat den Begriff von Thomas von Aquin und dieser hat ihn wiederum aus der griechischen Philosophie von Aristoteles entliehen. Es war also damals ein klar philosophischer Begriff. Substanz leitet sich aus dem Lateinischen ab: sub – stare heisst: darunter-stehen, dahinter-stehen. Der Begriff bezeichnete das, was ein Gegenstand in seinem Wesen ist.

Nehmen wir ein Beispiel:

Diese Gegenstände haben je unterschiedliche Formen und doch werden wir alle diese Gegenstände als ‚Stühle' bezeichnen. Es sind Gegenstände, die Beine haben, eine Sitzfläche, eine Lehne. Ihre wesentliche Funktion ist es, dass man sich darauf setzen kann. Das, was das Stuhl-Sein eines Gegenstandes ausmacht, das, was den Stuhl zu einem Stuhl macht, das innere Wesen eines Stuhles, das nennt die alte Philosophie ‚Substanz'. Nun lässt sich aber bei einem Stuhl die ‚Substanz' in diesem philosophischen Sinn wandeln, nämlich wenn ich ihn mit beiden Händen packe und z.B. zu meiner Verteidigung als eine Art Waffe gebrauche. Äusserlich bleibt das gleiche Erscheinungsbild wie vorher. Innerlich hat sich aber etwas verwandelt: In seinem innersten Wesen ist dieser Stuhl eben nicht mehr Stuhl, sondern eine Waffe.

Blenden wir von dieser Erfahrung her zurück auf die Gaben von Brot und Wein. Das innere Wesen des Brotes ist es, den Menschen zu seiner körperlichen Stärkung zu nähren. Das innere Wesen des Weines ist es, den Menschen zu erfreuen und ihm den Durst zu stillen. Durch die Wandlungsworte wird das Wesen von Brot und Wein gewandelt: Sie werden zum Träger der Gegenwart Christi, der sich als geistige Nahrung schenkt und Menschen erfreuen will in ihrem Leben und ihren geistigen Durst nach Sinn und Erfüllung stillen will.
Wenn das Trienter Konzil versucht hat mit der Begrifflichkeit von Thomas von Aquin das Geschehen der Wandlung der Gaben in der Messfeier ein wenig aufzuschlüsseln, gilt aber nach wie vor: Das letzte Geheimnis, wie es möglich ist, dass sich Christus in diesen unscheinbaren Gaben von Brot und Wein für die Menschen wirklich hingibt, lässt sich mit dem Verstand nicht ergründen. Es bleibt ein Geheimnis des Glaubens.

Impulsfragen zur persönlichen Vertiefung
- Hilft mir das angeführte Beispiel mit dem Stuhl, besser zu verstehen, was sich nach der Lehre des Konzils von Trient bei den Gaben Brot und Wein wirklich wandelt?
- Finde ich vielleicht ähnliche Beispiele?

Anregungen für das Gespräch mit Kindern und Jugendlichen
- Kindern und Jugendlichen bereitet es besonders Schwierigkeiten, in ihrem Denken etwas zuzulassen, was nicht experimentell überprüfbar ist. Oft argumentieren sie: Was ich nicht mit meinen Sinnen feststellen kann, das gibt es nicht, und daran glaube ich nicht.
- Diese Geisteshaltung lässt sich aber leicht hinterfragen und widerlegen: Heutige moderne Kommunikationsmittel (Handys, Fernseher…), die bei Jugendlichen täglich im Gebrauch sind, funktionieren nur, weil Schallwellen übertragen werden. Diese sind aber mit keinem unserer Sinne wahrnehmbar.
- Oder ein praktisches Beispiel aus dem Religionsunterricht: Bei einem weissen Blatt Papier, das zuvor mit Zitronensaft beschriftet und danach getrocknet wurde, erkennt man mit den Augen nichts als die weisse Fläche. Erst wenn man das Blatt in einigem Abstand über eine brennende Kerze hält, wird die Schrift allmählich sichtbar.
- Solche und ähnliche Beispiele können helfen, im eigenen Denken auch die Möglichkeit von Wirklichkeiten (wie zum Beispiel bei der Eucharistie) zuzulassen, die unseren begrenzten Sinnen nicht zugänglich sind, und die wir nur im Glauben annehmen können.

Wie lange bleibt Christus in der Hostie gegenwärtig?

> *Bei einer Begegnung mit einer evangelischen Mitchristin kam eine Pastoralassistentin auf den Brauch der katholischen Kirche zu sprechen, die bei der Messfeier übrig gebliebenen Hostien im Tabernakel aufzubewahren. Die Gesprächspartnerin zeigte grosse Mühe, diese Praxis einzuordnen, denn für sie als gläubige Lutheranerin ist die spezielle Gegenwart Christi im Brot auf die Zeit des Abendmahlsgottesdienstes beschränkt.*

Die katholische Kirche vertritt die Auffassung (anders als die Reformatoren Luther und Calvin), dass Christus in der gewandelten Hostie über die Dauer der Messfeier hinaus gegenwärtig bleibt. Die Worte: „Das ist mein Leib" und „Das ist mein Blut" begründen die Gegenwart Christi in den gewandelten Gaben auf Dauer. Das heisst: Solange die sichtbaren Zeichen Brot und Wein als Brot zum Essen und Wein zum Trinken wahrgenommen werden, bleibt Christus in ihnen gegenwärtig. Sind Brot und Wein aber verdorben, sodass ich sie als Speise und Trank nicht mehr geniessen würde, oder sind nur mehr kleinste Brosamen übrig, die man zum Beispiel beim Frühstück auch nicht mehr als Speise zu sich nehmen würde, hört die reale Gegenwart Christi auf.

Die dauernde Gegenwart in den gewandelten Gaben ermöglicht es, kranken, bettlägerigen Mitmenschen die Krankenkommunion auch ausserhalb der Eucharistiefeier zu spenden. Das gewandelte Brot ist so für sie auch ausserhalb der Messfeier ein ‚handgreifliches' Zeichen der liebenden Zuwendung Christi und Stärkung in ihrer Krankheit.

Eine besondere Form der Verehrung der gewandelten Hostie hat sich im Verlauf der Kirchengeschichte entwickelt: In der Monstranz (einem kunstvoll gestalteten liturgischen Gefäss) wird die gewandelte Hostie zur Verehrung und zur Anbetung aufgestellt oder zum Beispiel bei der Fronleichnamsprozession mitgetragen. Die reale Gegenwart Christi in der Kirche und im Volk Gottes wird auf diese Weise sinnenfällig erfahrbar.

Impulsfragen zur persönlichen Vertiefung
- Bleibende Gegenwart Christi in der Hostie – Welchen Zugang finde ich zu dieser Lehre der katholischen Kirche? Was macht mir dabei Mühe?
- In den Hostien im Tabernakel oder in der Monstranz bleibt Christus wirklich gegenwärtig. Bei jedem Kirchenbesuch bin ich eingeladen, mit ihm Zwiesprache zu halten. Was bedeutet mir diese unmittelbare Kontaktmöglichkeit mit dem in der Hostie geheimnisvoll anwesenden Christus?

Anregungen für das Gespräch mit Kindern und Jugendlichen
- Für Kinder und Jugendliche bleibt der Zugang zur Lehre der bleibenden Gegenwart Christi im gewandelten Brot schwierig. Im Gespräch kann man etwa an folgender Beobachtung anknüpfen: Menschen betrachten kirchliche Bauwerke oft mit grossen Augen (wie etwa Kathedralen, Klosterkirchen mit ihren Kreuzgängen, stilvolle Kapellen aus verschiedenen Bauepochen...). Sie besuchen diese Orte wie man ein Museum besucht. Dass aber in diesen kirchlichen Bauten Christus im Tabernakel auf besondere Weise gegenwärtig ist, beachten sie nicht. Sie verhalten sich ähnlich wie jemand, der ein Haus besucht und es von allen Seiten begutachtet. Dabei beachtet er aber nicht, dass ihn der Hausherr eigentlich einladen möchte, sein Daheim auch von der Innenseite her zu betrachten. Im Gespräch mit ihm könnten neue Erfahrungen gemacht werden. Der Eingeladene kann eine gewisse Geborgenheit und Vertrautheit spüren, die ihm dieser persönliche Kontakt mit dem Hausherrn schenkt.
- Könnte nicht auch ein Gebet, ein Zwiegespräch mit Christus, dem anwesenden ‚Hausherrn' im Tabernakel, neue Impulse für das eigene Leben geben? Zwar wird er nicht direkt antworten, aber es gehen einem vielleicht neue Einsichten auf, oder man findet wohltuende, innere Ruhe.

Verschiedene Bezeichnungen – verschiedene Aspekte

> *Eucharistie, Eucharistiefeier, Messe, Messfeier, Gottesdienst... - Welches ist eigentlich die korrekte Bezeichnung für das, was wir im Gedächtnis an Jesus Chritus rituell begehen?*

Für die Eucharistie kennen wir nicht *eine* korrekte Bezeichnung, sondern unterschiedliche Bezeichnungen mit je eigenen Akzentsetzungen:

- **Eucharistie/Eucharistiefeier** besagt: Danksagung/Dankfeier. Im liturgischen Geschehen drückt die Kirche ihren Dank aus für die Erlösungstat Jesu Christi, die mit jeder Messfeier neu ins Leben der Teilnehmenden greift.

- Der wohl weitest gefasste Begriff ist die Bezeichnung ‚**Gottesdienst**': Gott ‚dienen' heisst: der Mensch stellt sich in seiner Kleinheit, mit allem, was er ist und hat, Gott zur Verfügung. Dieser Dienst darf aber nicht missverstanden werden nach dem Prinzip von Leistung und Lohn. Etwa: Der Mensch erbringt eine Leistung (durch die aktive Teilnahme an der Eucharistie). Dafür erwartet er von Gott, von Christus, dass sein Leben gelingt, dass er glücklich leben kann, dass ihn möglichst wenig Sorgen plagen. – Der echte Gottes-Dienst mit Gebet, Gesang und Ritus kann nur eine dankbare Antwort sein auf das, was Gott schon immer gibt: das Leben, seine Zuwendung, seine Stärkung.

- Das neue Katholische Kirchengesangbuch der Deutschschweiz verwendet zur Bezeichnung des Sakramentes der Eucharistie wieder den Begriff ‚**Messfeier**', der eine Zeit lang eher in den Hintergrund getreten war. Diese Bezeichnung wird abgeleitet vom lateinischen Wort ‚Missa' und heisst Sendung. Die frühere lateinische Messe endete mit dem Wort des Priesters *‚ite, missa est'*, was übersetzt etwa heisst: Geht, es ist eure Sendung. Was im liturgischen Geschehen erfahrbar geworden ist, nämlich die innige Zuwendung Christi an die Einzelnen und an die ganze Gemeinschaft, soll Auswirkungen haben. Christus wird in den Christinnen und Christen lebendig, er wird in ihnen ‚inkorporiert' (einverleibt), er vereinigt sich ganz mit ihnen. Sie sind Kirche, der mystische Leib Christi. Durch ihr Sein, ihr Wesen, Tun und Handeln tragen sie Christus in die Welt. Er wird durch sie in der Welt gegenwärtig.

Dies deutet z.B. das Symbol dieser Osterkerze von Othmar Senn eindrücklich an:

Christus, geheimnisvoll den Betrachtenden zugewandt und im gebrochenen Brot anwesend, befähigt Teilnehmerinnen und Teilnehmer am Heiligen Mahl, von dieser Quelle her nach aussen zu wirken, dort sich einzusetzen und sich zu bewähren, wo Dunkel, Sorgen, Unfrieden in der Welt herrschen.

Impulsfragen zur persönlichen Vertiefung
- Welche Impulse nehme ich aus einer Messfeier für mein alltägliches Leben mit? Versuche ich die Sendung, die aus dieser Feier resultiert, wahrzunehmen und den Auftrag umzusetzen? Bemühe ich mich in meiner Familie und bei meinen Mitmenschen (Nachbarn, Arbeitskolleginnen oder – kollegen) um Frieden und Versöhnung?
- Eucharistie heisst ‚Danksagung'. Liegt der Schwerpunkt meines inneren Mitgehens bei der Messfeier darauf, oder bleibe ich nur im Bittgebet für meine eigenen Anliegen stecken?

Anregungen für das Gespräch mit Kindern und Jugendlichen
- Kinder und Jugendliche sind meist stark auf sich bezogen. Wenn sie beten, wenn sie in die Kirche gehen, erwarten sie, dass Gott es fügt, dass ihre Wünsche und Sehnsüchte in Erfüllung gehen. Das viele Positive, Gute, Frohmachende in ihrem Leben nehmen sie oft als Selbstverständlichkeit hin.
- Im Gespräch könnte darauf hingewiesen werden, dass die Messfeier ein Ort ist, wo Menschen zusammenkommen, um über ihr Leben nachzudenken, um Gott zu danken für alles Gute und Positive, das sie erfahren, ihn aber auch um Hilfe zu bitten in den Sorgen und Nöten des Alltags.

Woher stammt die Struktur der Messfeier?

> *Als ein Seelsorger eine Messfeier mit Jugendlichen vorbereiten wollte, äusserte sich einer, sie sollten doch einmal den gewohnten Ablauf ändern und ausnahmsweise mit dem Austeilen des Brotes beginnen...*

Gewiss fehlte diesem Jugendlichen die Einsicht, wieso die Messfeier nach einem gewissen geregelten Ritual abläuft. Aber auch Erwachsene haben ihre Probleme mit dem starren Aufbau der Messfeier. Zwar sind seit dem Zweiten Vatikanischen Konzil Möglichkeiten geschaffen worden für eine abwechslungsreichere Gestaltung, die je eingeht auf die konkrete Situation der Mitfeiernden. Aber die Grundstruktur, der Aufbau der Messfeier, besteht auch nach dem Zweiten Vatikanischen Konzil in den überlieferten vier Teilen: Eröffnung, Wortgottesdienst, Eucharistiefeier, Entlassung. Die Stiftung des Sakramentes der Eucharistie wird zurückgeführt auf das Abschiedsmahl Jesu, bei dem er seinen Aposteln auftrug: *„Tut dies zu meinem Gedächtnis" (Lk 22, 19).*

Die heutige Bibelwissenschaft vertritt mehrheitlich die Ansicht, dass dieses Abschiedsmahl Jesu kein jüdisches Pessachmahl war. Während Paulus und Johannes für das Abschiedsmahl Jesu auch keinen Bezug herstellen zum Pessach, scheint es den synoptischen Evangelisten (Markus, Matthäus, Lukas) daran gelegen zu sein, die Herrenmahlsüberlieferung mit dem Pessach in Verbindung zu bringen. „Sie gehen dabei offenbar von der Praxis einer liturgisch geordneten und mit theologischer Bedeutung versehenen Mahlfeier aus und verorten deren Wurzeln in einem letzten Pessachmahl Jesu". [7]

In der Liturgie der Messfeier, die sich in den weiteren Jahrhunderten entwickelte, stützte man sich auf die synoptische Tradition ab und gab der Mahlfeier einen Rahmen, der sich an das jüdische Pessachmahl anlehnt.

Das Pessachmahl wird bei den Juden bis heute gefeiert in Erinnerung an ihre Befreiung aus der Knechtschaft Pharaos in Ägypten. Dieses Mahl besteht aus vier Teilen [8]:

- **Vorspeise:**
  Zuerst erfolgt der Segensspruch zum Fest und der Segen über den ersten Becher mit Wein. Bittere Kräuter (in Erinnerung an das bittere Leben in Ägypten) und ein braunes Mus, das an Ziegel erinnert, welche die Israeliten als Sklaven anfertigen mussten, wird verzehrt und der erste Becher herumgereicht. Dann wird das Hauptmahl mit dem zweiten Becher aufgetragen.

- **Pessachliturgie:**
  Das ist eine Art ‚Wortgottesdienst', der eingeleitet wird mit der Frage des Jüngsten: *„Warum ist diese Nacht anders als alle andern Nächte? Warum essen wir bittere Kräuter und Brot, das nicht gesäuert ist?"* Darauf antwortet der Hausvater mit einer Art Predigt, in der er an die Geschehnisse beim Auszug aus Ägypten erinnert. Dann stimmt er zum Dank für die Befreiung Psalm 113 und 114 an. Anschliessend wird der zweite Becher mit Wein gereicht.

- **Hauptmahl:**
  Beim Hauptmahl spricht der Hausvater das Tischgebet über die ungesäuerten Brote. Nachdem das Pessachlamm mit ungesäuerten Broten und anderen Zutaten gegessen ist, wird der Segen über den dritten Becher gesprochen und alle trinken danach aus diesem Becher.

- **Abschluss:**
  Zum Abschluss erfolgt der Lobspruch über den vierten Becher und das Trinken des Bechers sowie die Lesung der Psalmen 115 bis 118 und Psalm 136.

Der Aufbau der heutigen Messfeier knüpft an den Elementen dieses jüdischen Pessachmahles an:

- Bei der **Eröffnung** werden die Mitfeiernden begrüsst und es wird in die Thematik eingeführt. Im Schuldbekenntnis bekennen die Anwesenden das Bittere, das Ungute, das sich in ihrem Leben immer wieder breit macht. Sie machen sich innerlich bereit für die gemeinsame Mahlfeier.

- Der **Wortgottesdienst** erinnert an wichtige Abschnitte aus der Heilsgeschichte in den Lesungen aus dem Ersten und Zweiten Testament. Diese biblischen Texte werden durch den Priester oder eine andere Person für die heutige Zeit ausgelegt und erklärt.

- Die **Eucharistiefeier** im eigentlichen Sinn umfasst die Gabenbereitung, das Eucharistische Hochgebet mit dem Einsetzungsbericht und die Kommunion.

- Zur **Entlassung** wird der Segen erteilt mit der Aufforderung an die Gläubigen, den Frieden, den sie durch Christus empfangen haben, hinaus zu tragen in ihren Alltag, in ihre Familien, zu ihren Mitmenschen.

Diese Struktur, die sowohl Pessachmahl wie Eucharistiefeier aufweisen, erscheint wie logisch für die Abfolge eines Festes überhaupt.
Nehmen wir ein Beispiel aus unserem profanen Leben, z.B. die Feier eines runden Geburtstages:

- Wir folgen der Einladung, machen uns bereit (durch ein festliches Gewand); werden begrüsst und nehmen zuerst gemeinsam den **Apéritiv** ein.

- In **Reden und/oder Darbietungen** wird auf den Anlass dieser Feier eingegangen, in die Vergangenheit, ins Leben des Jubilars oder der Jubilarin zurückgeblendet und Dank abgestattet.

- Im gemeinsamen **Festessen** werden wir genährt und gestärkt. Es wird die Gemeinschaft und Geselligkeit gepflegt.

- Zum Abschluss erfolgt die **Verabschiedung** mit besten Wünschen für die Zukunft.

Vergleichen wir die drei Feiern, so stellen wir fest, dass der Aufbau, die Struktur, in allen dreien ähnlich ist:

Pessachmahl	Messfeier	Geburtstagsfest
Vorspeise	Eröffnung	Begrüssung/Apéro
Pessachliturgie	Wortgottesdienst	Reden/Darbietungen
Hauptmahl	Eucharistiefeier	Festessen
Abschluss	Entlassung	Verabschiedung

Impulsfragen zur persönlichen Vertiefung
- Inwieweit hilft mir die Kenntnis der Struktur der Messfeier zur inneren, persönlichen Mitfeier?
- Welcher Teil der Messfeier öffnet mir den Zugang zum Geheimnis der Eucharistie am ehesten?

Anregungen für das Gespräch mit Kindern und Jugendlichen
- Im Gespräch mit Kindern und Jugendlichen dürfte ein Rückverweis auf das Pessachmahl hilfreich sein. Dieses war nach alten überlieferten Regeln gestaltet.
- Eine Erinnerung an ein Familienfest (z.B. die Feier eines runden Geburtstages) kann einem Kind und Jugendlichen deutlich machen, wie die Abfolge eines solchen Festes mit Begrüssung/Apéro (sich bereitmachen), Reden/Darbietungen (Grund der Zusammenkunft bedenken), Festessen (fröhlich feiern) und Verabschiedung (Dank und gute Wünsche) in der Grundstruktur ähnliche Elemente aufweist wie die Messfeier.

Fragen zur liturgischen Gestaltung

> *„Immer das Gleiche – langweilig – altmodische Lieder…".
> So tönt es manchmal bei Kindern und Jugendlichen, wenn sie
> wieder einmal in einem Sonntagsgottesdienst mit dabei waren…*

Wie im vorherigen Kapitel erwähnt, hat die Messfeier ihre Wurzeln im Abschiedsmahl Jesu. Damit sind einige Vorgaben zu beachten, über die bei der liturgischen Gestaltung nicht frei verfügt werden kann. So gehören einige Bausteine, die sich im Lauf der Liturgiegeschichte als wesentliche Elemente des Herrenmahles herausgebildet haben, auch heute noch unabdingbar zur Messfeier.[9]

- die Eröffnung mit Begrüssung, Einführung, Schuldbekenntnis und Tagesgebet
- die Verkündigung der frohen Botschaft (Lesungen aus dem ersten und zweiten Testament)
- die Auslegung dieser Texte in der Homilie oder Predigt (wenigstens in den Sonn- und Festtagsgottesdiensten)
- das allgemeine Gebet (Fürbitten) in dem wir die grossen Anliegen der Kirche und der Welt aufnehmen
- die Gabenbereitung mit Gabengebet
- das Hochgebet mit dem Einsetzungsbericht und der Herabrufung des Heiligen Geistes, sowie den Akklamationen (feierlichen Bestätigungen) des Volkes nach dem Dankgebet (Präfation): „Heilig, heilig, heilig…", nach den Einsetzungsworten: „Deinen Tod, oh Herr, verkünden wir, und deine Auferstehung preisen wir, bis du kommst in Herrlichkeit." und das „Amen" zum Abschluss des Hochgebetes (vor der Einleitung zum ‚Vater unser')
- das Vater unser

- das Friedensgebet und der Friedenswunsch, das Brechen des Brotes und das „Agnus Dei" (Lamm Gottes)
- die Kommunion
- die Danksagung und das Schlussgebet
- der Segen

Viele dieser Strukturelemente sind durch Textvorlagen geregelt. Rund um dieses Gerüst ist aber für die liturgische Gestaltung ein grosser Freiraum gegeben.

Ein Wort zur musikalischen Gestaltung: Ziel muss es sein, auch durch die Musik das liturgische Geschehen zu verinnerlichen. Gesang und Musik bringen in uns persönlich Saiten ins Schwingen, die durch das Wort allein nicht anklingen: der ganze Mensch mit Kopf, Herz, Verstand, Gefühl und Gemüt soll durch die liturgische Gestaltung angesprochen werden.[10]

Zur Vertiefung des liturgischen Geschehens tragen auch der Blumenschmuck, die liturgischen Farben und besondere Gottesdienstelemente bei (wie z.B. eine Weihnachtskrippe, eine Auferstehungsdarstellung, ein Rollenspiel von Schülerinnen und Schülern usw.).

Impulsfragen zur persönlichen Vertiefung
- **Ich bin aufgefordert, beim liturgischen Geschehen innerlich mitzugehen und aktiv mitzutun. Welche Elemente der Liturgie helfen mir dabei besonders?**
- **Welche Bedeutung haben der Gesang und die Musik bei der Messfeier für mein inneres ‚Mitgehen'? – Schlüsseln sie mir den Zugang zum Geheimnis der Eucharistie ein Stück weit auf?**

Anregungen für das Gespräch mit Kindern und Jugendlichen
- An vielen Orten wenden Seelsorgende viel Zeit und Energien auf für die Gestaltung von Messfeiern. Trotzdem ist die Kritik von Kindern und Jugendlichen an der liturgischen Gestaltung von gewissen Messfeiern verständlich. Manchmal werden die Möglichkeiten, die Eucharistie familien- und kinderfreundlich zu gestalten, zu wenig genutzt. Allerdings gilt es, jungen Menschen auch deutlich zu machen, dass der Sonntagsgottesdienst nicht ein „Event" ist, der immer „Action" beinhaltet.
- Eltern können darauf achten, mit ihren Kindern die speziell für Kinder und Familien gestalteten Gottesdienstangebote zu nutzen. Sie können ihre Heranwachsenden auf besondere Jugendgottesdienste aufmerksam machen, die meist auch von Jugendlichen mitgestaltet werden.
- Ein Gespräch könnte aufzeigen, wie zum Beispiel auch stille Momente während der Messe zur persönlichen Besinnung und zum Überdenken des eigenen Lebens genutzt werden könnten.
- Ein Hinweis auf die gewachsene Struktur der Messfeier kann aufzeigen, warum einzelne Elemente bei jeder Messe vorkommen und zum Grundbestand der Messliturgie gehören. [11]
- Oft gewinnen Kinder und Jugendliche einen besseren Zugang zur Messfeier, wenn sie in der Vorbereitung oder Durchführung der Liturgie selber mitwirken dürfen. Besonders während der Vorbereitung ergeben sich Momente, wo Heranwachsenden der Sinn bestimmter Riten und sich wiederholender Gebete aufgeschlüsselt werden kann. Solche Chancen gilt es zu nutzen.

Eucharistisches Mahl und himmlisches Gastmahl – eschatologischer (endzeitlicher) Aspekt der Eucharistie

In verschiedenen Kirchenräumen wird in Gemälden – wie im untenstehenden Beispiel aus Bronschhofen (Schweiz) – ein Bezug geschaffen von der Messfeier zum himmlischen Gastmahl (vgl. Mt 22).
Gibt es einen Zusammenhang zwischen dem Mahl in der Messfeier und dem himmlischen Gastmahl, von dem uns die Bibel berichtet?

Das eucharistische Mahl nimmt etwas anteilig vorweg, was uns beim ewigen Gastmahl, unserer Vollendung bei Gott, einmal voll zuteil wird: die innige Gemeinschaft mit Christus, wie sie dieses Wandbild andeutet..

Zwar sehnen sich viele Menschen danach, vollkommenes Glück und volle Erfüllung im irdischen Leben zu finden. Doch erfahren sie immer wieder die Vorläufigkeit und Zerbrechlichkeit dessen, was sie für Glück und erstrebenswerte Ziele halten. Durch die Teilnahme am eucharistischen Mahl erhalten Christinnen und Christen einen ‚Vorgeschmack' jener Freude und jener inneren Erfüllung, die uns für das ewige Leben verheissen sind. Oder im Bild des Paulus ausgedrückt: „Jetzt sehen wir in einen Spiegel, dann aber von Angesicht zu Angesicht" (1 Kor 13,12).

Impulsfragen zur persönlichen Vertiefung

- Ich bin zur innigen Gemeinschaft mit Christus berufen, wie sie das biblische Bild des himmlischen Gastmahls ausdrückt. Was bedeutet mir diese Verheissung?
- Das eucharistische Mahl ist ein ‚Vorgeschmack' der Gemeinschaft mit Christus im ewigen Leben. Welche Vorstellungen und Erwartungen verbinde ich mit dieser ewigen Gemeinschaft mit Jesus Christus?

Anregungen für das Gespräch mit Kindern und Jugendlichen

- Junge Menschen sehnen sich nach Gemeinschaft, Geborgenheit und Angenommensein. Die Verheissung ‚der himmlischen Gemeinschaft mit Christus' wird für sie jedoch schwer zu verstehen sein.
- Ein Gespräch über die reale Gemeinschaft, die ihnen Christus im ‚handgreiflichen' Zeichen des Brotes anbietet, und seine Zuwendung und Liebe, die er im Empfang der gewandelten Gaben schenkt, kann ihnen aber Zuversicht und Halt für den Alltag vermitteln.

Die Bedeutung der Eucharistie für die Kirche – ekklesiologischer (kirchlich-gemeinschaftlicher) Aspekt der Eucharistie

> *Jede Person, die das Sakrament der Eucharistie gläubig empfängt, wird innerlich mit Christus verbunden. Welche Bedeutung hat aber die Eucharistie für die Kirche als Ganzes, für die Gemeinschaft, die sich aus allen Glaubenden zusammensetzt?*

Die Eucharistie ist gemäss dem Zweiten Vatikanischen Konzil *‚Mitte und Höhepunkt des ganzen Lebens der christlichen Gemeinde'* (vgl. Anm. 2). Die Kirche begeht feiernd, dass Christus in ihr, in der Gemeinschaft der Glaubenden, gegenwärtig ist und durch sie in der Welt von heute wirkt. Sie ist – wie die Theologie sagt – der ‚mystische' (geheimnisvolle) Leib Christi. Er lebt und wirkt in ihr und in jedem einzelnen Glied weiter. Durch Christus werden die einzelnen Glieder als seine ‚Schwestern' und ‚Brüder' auch unter einander zu einer Gemeinschaft zusammengefügt.

Die Gaben von Brot und Wein deuten bereits von ihrer Symbolik her dieses Eins-Werden mit Christus und das Eins-Werden untereinander als glaubende Gemeinde an: Dies wird unter anderem im offiziellen Gabengebet des Fronleichnamsfestes verdeutlicht. Dort heisst es:

> *Herr unser Gott,*
> *wir bringen das Brot dar,*
> *das aus vielen Körnern bereitet,*
> *und den Wein,*
> *der aus vielen Trauben gewonnen ist.*
> *Schenke deiner Kirche,*
> *was diese Gaben geheimnisvoll bezeichnen:*
> *Die Einheit und den Frieden.*
> *Darum bitten wir durch Christus, unsern Herrn.*

Impulsfragen zur persönlichen Vertiefung
- In der Feier der Eucharistie geht es nicht nur um meine persönliche Verbundenheit mit Christus und meine innere Heiligung, sondern durch die eucharistische Feier wird die Gemeinschaft Christi, die Kirche, aufgebaut. Wir werden miteinander zu einer Gemeinschaft im Glauben zusammengeführt. In welchen Elementen der Messfeier erkenne ich diesen Gesichtspunkt besonders?
- Äusseres Zeichen dieser Gemeinschaft in ‚Einheit und Frieden' ist der Friedensgruss, den wir nach dem Friedensgebet des Priesters austauschen. Welche Bedeutung hat dieser gegenseitige Friedenswunsch für mich?

Anregungen für das Gespräch mit Kindern und Jugendlichen
- Eine Rockgruppe, ein Gesangsstar oder die eigene Fussball-Elf bringen es fertig, dass sich ein ganzes Stadion oder wenigstens die Fan-Gemeinde der eigenen Mannschaft als grosse und starke Gemeinschaft erfährt. Musik, Gesang oder ausgenützte Torchancen einer Mannschaft verbinden.
- Die Anwesenheit Jesu Christi in der Eucharistie ist nicht so spektakulär. Sie vollzieht sich in der Stille. Aber auch er führt uns zu einer Gemeinschaft zusammen. Ein Gespräch, das anknüpft an das oben angeführte Gabengebet des Fronleichnamsfestes, welches die Symbolik der Ähre und der Weintraube aufnimmt, kann helfen, ein Stück weit aufzuzeigen, was mit der Gemeinschaft gemeint ist, zu der uns Christus in der Messfeier zusammenführt.
- Beim gemeinsamen Singen und Beten oder beim bewussten Austausch des Friedensgrusses können Heranwachsende diese Gemeinschaft vielleicht ein wenig erfahren, besonders in kind- und jugendgemäss gestalteten Messfeiern, in denen sie zu einem Teil auch selbst gestalterisch mitwirken dürfen.

Das Problem der eucharistischen Gastfreundschaft

> *In einem Gespräch beschwerte sich ein evangelischer Mitchrist über die ‚sture' Haltung der katholischen Kirche in Bezug auf die Teilnahme von evangelischen Christen an der Kommunion: "Wir haben ja den gleichen Herrgott, und die ökumenische Bewegung hat gezeigt, wie nahe wir uns sind".*

Neu zu reden gibt das Thema, seitdem die römische Instruktion ‚Redemptionis Sacramentum' vom Jahr 2004 eine restriktivere Praxis fordert, als wie sie sich in der Seelsorge vieler Pfarreien eingebürgert hat.

Das Problem der eucharistischen Gastfreundschaft ist vielschichtig. Die Schweizer Bischofskonferenz hat im Januar 2005 zur römischen Instruktion

Stellung bezogen und dabei vor allem betont, dass die Ökumene eine besondere Aufgabe aus dem Glauben und dem christlichen Selbstverständnis heraus bleiben muss. Die Bischöfe weisen aber auch darauf hin, dass es in theologischen Grundfragen noch bestehende Differenzen gibt.
Nach katholischer Lehre stiftet die Eucharistie nicht nur Gemeinschaft, sondern ist auch Ausdruck des gemeinsamen Glaubens der Teilnehmenden. Die tatsächliche Kirchengemeinschaft ist Grundvoraussetzung für ein vollständig gemeinsames Feiern. Zwar haben sich die Positionen um die Frage der Gegenwart Christi in der Eucharistie durch die bisherigen ökumenischen Bemühungen stark angenähert. Die vollständige Kirchengemeinschaft scheitert im Moment aber noch, wie die Bischöfe ausführen, vor allem an der Ämterfrage.[12]

Die gegenseitige Anerkennung der Ämter und der Sakramente ist noch nicht gegeben. Dabei ist zu beachten, dass diese Frage mit den orthodoxen Kirchen viel weniger Probleme aufwirft als mit den evangelisch-reformierten Kirchen, da die Orthodoxen die Sakramente so kennen wie die katholische Kirche und sich ihre Ämter auf die apostolische Sukzession abstützen, d.h. dass auch ihre Ämter rückführbar sind auf das urchristliche Petrusamt. So formuliert das Oekumenismusdekret des Zweiten Vatikanischen Konzils im 3. Kapitel: ‚*Da die orthodoxen Kirchen trotz ihrer Trennung wahre Sakramente besitzen, vor allem aber in der Kraft der apostolischen Sukzession das Priestertum und die Eucharistie, wodurch sie in ganz enger Verwandtschaft bis heute mit uns verbunden sind, so ist eine gewisse Gottesdienstgemeinschaft unter gegebenen Umständen mit Billigung der kirchlichen Autorität nicht nur möglich, sondern auch ratsam.*' [13]

In der ökumenischen Zusammenarbeit mit den evangelisch-reformierten Kirchen ist die Situation schwieriger, da nicht alle Sakramente anerkannt werden und die apostolische Sukzession fehlt. Dem hierarchischen Aufbau unserer katholischen Kirche, d.h. der Bevollmächtigung zu den Ämtern mittels Handauflegung durch den gültig geweihten Bischof, steht in den evangelisch-protestantischen Kirchen ein demokratisches Prinzip gegenüber: Die Bevollmächtigung für die Ämter kommt vom Volk, durch eine demokratische Wahl. In diesem Punkt sind im Moment die Theologen zusammen mit den Kirchenleitungen gefordert, Wege zu suchen, die schlussendlich hinführen zur gegenseitigen Anerkennung der Ämter.

In Bezug auf die Zulassung von reformierten Gläubigen zum Sakrament der Eucharistie führen die Schweizer Bischöfe im erwähnten Schreiben aus, dass man in keinem Fall eine *allgemeine* Einladung zum Kommunionempfang aussprechen kann. Für Einzelfälle verweisen sie auf die schon bestehenden Vorschriften.[14]

Aus diesen Vorschriften lässt sich ableiten, dass in Einzelfällen Ausnahmen gemacht werden dürfen, dass also reformierte Mitchristen (vor allem christliche Eheleute, die einer anderen Konfession angehören) zur Kommunion zugelassen werden dürfen, wenn sie

1. grundsätzlich den katholischen Glauben in Bezug auf die Eucharistie teilen, insbesondere, dass sie daran glauben, dass in der Eucharistie Christus wirklich gegenwärtig ist [15] und sie
2. ein persönliches Verlangen (ein „geistliches Bedürfnis") nach der Eucharistie haben.[16]

Es ist interessant zu sehen, welche Reaktionen die römischen Verlautbarungen auf evangelischer Seite ausgelöst haben: So hat etwa die Abgeordnetenversammlung des Schweizerischen Evangelischen Kirchenbundes (SEK) vom November 2004 die gemeinsamen ökumenischen Ziele erneut unterstrichen, aber auch das (noch) Trennende klar festgehalten.[17]

Impulsfragen zur persönlichen Vertiefung

- Wie steht es mit meinem eigenen ‚geistlichen Bedürfnis' nach der Eucharistie? Ist mir die Teilnahme am eucharistischen Mahl wichtig?

- Gibt es Momente in meinem Leben, wo ich ein besonderes Verlangen nach der Eucharistie verspüre?

- Falls ich in einer konfessionsverschiedenen Ehe lebe: Was bedeutet es mir, wenn mein evangelischer Ehepartner / meine evangelische Ehepartnerin gemeinsam mit mir am Herrenmahl teilnimmt?

Was bedeutet es mir, wenn ich als evangelischer Mitchrist / als evangelische Mitchristin am eucharistischen Mahl teilnehme?

- Schliesse ich das Anliegen um Einheit aller Christen immer wieder in mein Gebet ein?

Anregungen für das Gespräch mit Kindern und Jugendlichen

- Jugendliche begreifen schwer, warum heute noch trennende Mauern zwischen den Konfessionen da sind. Ein Gespräch über die unterschiedlichen Strukturen der katholischen und evangelischen Kirche (hierarchisch – demokratisch) kann helfen, wenigstens die Schwierigkeiten aufzuzeigen, die für eine vollständige Gottesdienstgemeinschaft (noch) bestehen.

- Wichtig ist auch, Kinder und Jugendliche auf Gottesdienstformen aufmerksam zu machen, bei denen wir wirklich gemeinsam beten, singen und feiern können: ökumenische Gottesdienste, Wortgottesdienste, in denen Jesus Christus ebenfalls in der Mitte der Feiernden gegenwärtig ist, gemäss seinem Wort „Wo zwei oder drei in meinem Namen versammelt sind, da bin ich mitten unter ihnen" (Mt 18,20).

‚Einladung' oder ‚Sonntagspflicht'?

> *Schüler und Schülerinnen tun sich oft schwer mit der Vorschrift der Kirche zum sonntäglichen Gottesdienstbesuch. „Ich kann ja auch zuhause beten… Ich habe in der Natur einen viel besseren Kontakt mit Gott als in einer alten Kirche…".*

Ähnliche Überlegungen wie diese Schülerinnen und Schüler machen sich manchmal auch Erwachsene. Sie stören sich daran, dass für Katholikinnen und Katholiken nach dem kirchlichen Rechtsbuch (Codex Juris Canonici) die „Sonntagspflicht" besteht.

Wieso legt die Kirche Wert auf eine Regelmässigkeit des Messbesuches am Samstagabend oder am Sonntag?

Damit Kirche von ihren Mitgliedern als solidarische Gemeinschaft erfahren werden kann, ist ein regelmässiges Zusammenkommen wichtig. Das Sonntagsgebot will diese Gemeinschaft stärken. Wer allerdings nur an der Eucharistiefeier teilnimmt, weil es geboten ist, verfehlt den Sinn dieses Gebotes. Ein Gottesdienstbesuch soll einem Menschen auch gut tun. Er soll spüren, wie ihm diese Gebets-, Gesangs- und Feier-Gemeinschaft Halt gibt und ihm Impulse vermittelt für den Alltag.

Das Sonntagsgebot beschränkt sich aber nicht auf den Messbesuch. Der Mensch soll sich an diesem arbeitsfreien Tag Ruhe und Erholung gönnen, zu sich selbst kommen, das tun, was ihm Freude macht, zum Beispiel im Kreis der Familie, um wieder „aufzutanken" für den Alltag. Die dabei gewonnene Ausgeglichenheit, Friedfertigkeit und positive Stimmung sollen sich wohltuend auswirken auf das Zusammenleben mit den Mitmenschen.

- Was bringt es mir und der mitfeiernden Gemeinde, wenn ich in einer gewissen Regelmässigkeit den Sonntagsgottesdienst besuche?
- Achte ich darauf, dass das Sonntagsgebot nicht mit dem sonntäglichen Messbesuch erfüllt ist, sondern, dass dazu auch gehört, Ruhe und Erholung zu suchen, die mir die Basis schaffen, ausgeglichen und friedfertig mit meiner Familie und den übrigen Mitmenschen umzugehen?

Anregungen für das Gespräch mit Kindern und Jugendlichen
- In der heutigen Zeit ist es nicht immer leicht, Kinder und Jugendliche für den Messbesuch zu motivieren. Eine gewisse Regelmässigkeit des Besuches ist aber wichtig, damit auch Heranwachsende bei der Zusammenkunft in der Messfeier Kirche als solidarische Gemeinschaft erfahren können. Mit jungen Menschen muss heute oftmals eine praktikable Lösung „ausgehandelt" werden, die für Eltern, Kinder und Jugendliche akzeptabel ist. Dazu sind offene Gespräche und Abmachungen nötig.
- Im Gespräch mit Heranwachsenden hat der frühere St. Galler Bischof, Otmar Mäder, immer wieder folgendes Beispiel angeführt: Wenn jemand sagt: „Ich gehe dann in die Messe, wenn ich das ‚Bedürfnis' habe", ist dies problematisch. Erfahrungsgemäss haben wir das ‚Bedürfnis' vor allem dann, wenn es uns schlecht geht. Man stelle sich vor:

> ein Gottesdienst mit lauter ‚Problemfällen'! Wie wird da in der Eucharistie noch etwas erfahrbar von einer Feier, vom Lob und vom Dank? – Es braucht auch ‚aufgestellte' Jugendliche im Gottesdienst, die mit ihrer Fröhlichkeit, Offenheit und positiven Einstellung andere anstecken und ihnen dadurch helfen, ihre seelischen Tiefs und Nöte ein Stück weit zu mindern.
> - **Ein weises Wort eines Exerzitienleiters kann vielleicht auch für Kinder und Jugendliche ein Impuls sein: Wenn du etwas tun musst, tu es doch freiwillig!**

Eucharistie – Gabe Christi und bleibender Auftrag

„Wer mein Fleisch isst und mein Blut trinkt, der bleibt in mir und ich bleibe in ihm" (Joh 6, 56). Diese Verheissung hat Jesus Christus den Menschen seiner Zeit gegeben. Die Nähe und Gemeinschaft mit ihm können Menschen auch heute am deutlichsten und ‚handgreiflichsten' in der Teilnahme an der Eucharistiefeier erfahren. ‚Fleisch' und ‚Blut' stehen für Christus, der sich den Menschen hingibt im Heiligen Mahl.

Christinnen und Christen, die aus der ‚Quelle' der Eucharistie schöpfen, sind aber nicht automatisch ‚bessere' Menschen. Sie erweisen sich erst dann als wirkliche Christinnen und Christen, wenn sie auch das Wort Jesu ernst nehmen: „Wie mich der Vater gesandt hat, so sende auch ich euch" (Joh 20, 21). In der Nachfolge Jesu versuchen sie - durch die Kraft des eucharistischen Mahles in besonderer Weise gestärkt - Werte, Haltungen und Einstellungen, die Jesus aufgezeigt und vorgelebt hat, durch ihr Leben in der heutigen Zeit zu verwirklichen.

Christinnen und Christen, bei denen die Teilnahme an der Messfeier nachhaltige Auswirkungen in ihrem Alltag hat, erfassen den tiefsten Sinn der Eucharistie: Denn diese ist nicht nur Gabe und Geschenk, sondern auch Auftrag und Sendung!

Anmerkungen

1. Dogmatische Konstitution über die Kirche, in: Lexikon für Theologie und Kirche, Das Zweite Vatikanische Konzil I, Freiburg, Basel, Wien 1966, 185.

2. Dekret über die Hirtenaufgabe der Bischöfe, in: Lexikon für Theologie und Kirche, Das Zweite Vatikanische Konzil II, Freiburg, Basel, Wien 1967, 211.

3. Vgl. Boff L., Kleine Sakramentenlehre, Düsseldorf 2003, 79ff.

4. Denzinger H., Kompendium der Glaubensbekenntnisse und kirchlichen Lehrentscheidungen, Freiburg, Basel, Rom, Wien 1991 (37. Aufl.), 522f.

5. Vgl. Frohnhofen H., Eucharistie und Opfer, Zur aktuellen Diskussion um ein altes Thema, Beitrag zum Studiennachmittag/Ehemaligentreffen im Fachbereich Praktische Theologie des KFH Mainz am 27. Juni 2002, in: www.theologie-beitraege.de/opfer.htm.

6. Denzinger H., Kompendium der Glaubensbekenntnisse und kirchlichen Lehrentscheidungen, Freiburg, Basel, Rom, Wien 1991 (37. Aufl.), 530.

7. Schlund Chr., „Kein Knochen soll gebrochen werden", Studien zu Bedeutung und Funktion des Pesachfests in Texten des frühen Judentums und im Johannesevangelium, Neukirchen-Vluyn 2005, 117 f.

8. Vgl. Stuflesser M./Winter St., Grundkurs Liturgie, Geladen zum Tisch des Herrn, Die Feier der Eucharistie, Regensburg 2004, 56.

9. Meyer H.B. u.a. (Hrsg.), Gottesdienst der Kirche, Handbuch der Liturgiewissenschaft, Teil 4, Regensburg 1989, 335 -363.

10. Vgl. ebd.132 – 140.

11 Eine kurz gefasste Darlegung der Entwicklung vom Abendmahl Jesu bis zur Messliturgie des Zweiten Vatikanischen Konzils findet sich in:
Stuflesser M./Winter St., Grundkurs Liturgie, Geladen zum Tisch des Herrn, Die Feier der Eucharistie, Regensburg 2004, 63 – 95.

12 Schweizer Bischofskonferenz, Wort der Schweizer Bischöfe zur Instruktion „Redemtionis Sacramentum", Freiburg, Januar 2005, 20.

13 Dekret über den Ökumenismus, in: Lexikon für Theologie und Kirche, Das Zweite Vatikanische Konzil II, Freiburg, Basel, Wien 1967, 103.

14 Schweizer Bischofkonferenz, Wort der Schweizer Bischöfe zur Instruktion „Redemptionis Sacramentum", Freiburg, Januar 2005, 21.

15 Peter Neuner, Professor für Dogmatik an der Universität München, versucht in einem Beitrag zu den „Chancen und Perspektiven der Abendmahlsgemeinschaft zwischen den Konfessionen" in: Söding Th. (Hrsg.), Eucharistie, Positionen katholischer Theologie, Regensburg 2002, 222f.) einen interessanten Weg aufzuzeigen, wie die katholische Kirche bei der Frage der Zulassung von evangelischen Partnern in einer konfessionsverschiedenen Ehe ihren Grundsätzen treu bleiben und doch Offenheit zeigen kann. Dieser Vorschlag findet heute in Fachkreisen breite Unterstützung :

„Nach katholischem Verständnis ist die Ehe Sakrament, jede gültige Ehe zwischen Christen ist sakramental, eine nicht sakramentale Ehe wäre ungültig. Dies gilt unabhängig vom Bekenntnis der Beteiligten, auch eine konfessionsverschiedene Ehe ist Sakrament, wenn sie nur überhaupt gültige Ehe ist. Auch Christen verschiedenen Bekenntnisses können nach katholischem Verständnis nur eine sakramental gültige Ehe eingehen.
Weil die Ehe Sakrament ist, verwirklicht sich in ihr Kirche, denn in jeder sakramentalen Handlung wird Kirche realisiert. Im II. Vatikanischen Konzil erscheinen Ehe und Familie als „Hauskirche"

(Lumen Gentium 11), als die kleinste Zelle von Kirche. Dieses Verständnis der Ehe als Hauskirche ist einzig und allein abhängig von der Aussage, dass die Ehe Sakrament ist, es ist unabhängig von der konfessionellen Zugehörigkeit der Ehepartner. Auch die konfessionsverschiedene Ehe ist Sakrament; in ihr verwirklicht sich Kirche, nicht Kirchenspaltung.

Wenn nun aber Eucharistiegemeinschaft und Kirchengemeinschaft, wie katholischerseits so sehr betont, unlösbar zusammengehören, verlangt die konfessionsverschiedene Ehe die Gemeinschaft im Herrenmahl, denn sie vollzieht Kirche, nicht Kirchenspaltung, und für Kirche ist nach katholischer Überzeugung Eucharistie unverzichtbar und konstitutiv. Die bleibende Konfessionsverschiedenheit ist umfangen von der Sakramentalität der Ehe zwischen Getauften, die Hauskirche leben. Diese Hauskirche verlangt nach der Sichtbarmachung auch im Zeichen des Herrenmahls, denn ohne Eucharistie kann Kirche nicht sein. Durch eine christlich gelebte konfessionsverschiedene Ehe kommen beide Eheleute jeweils in eine geistliche Gemeinschaft mit der Kirche ihres Partners, die den Ausschluss vom Herrenmahl als nicht mehr gerechtfertigt erscheinen lässt.

Selbstverständlich ist für eine Teilnahme am Herrenmahl gefordert, dass der Partner, der aus der anderen Konfession kommt, in der jeweiligen Feier das Gedächtnis Jesu Christi erkennen kann, dass also die Kontroversen um das Herrenmahl, an denen sich im 16. Jahrhundert die Kirchen getrennt haben, die Kirchen nicht mehr trennen… Naturgemäss treffen diese Überlegungen nur auf jene konfessionsverschiedenen Ehen zu, in denen beide Partner ihre christliche und kirchliche Existenz bewusst leben. Das ist sicher nur eine Minderheit. Aber diese realisiert tatsächlich Kirche."

16 Zu diesem Punkt erläutert Eva-Maria Faber, Professorin für Dogmatik und Fundamentaltheologie an der Theologischen Hochschule Chur, in der Schweizerischen Kirchenzeitung 21/2005, 421:

„Im Dokument zur eucharistischen Gastfreundschaft der Schweizer Bischöfe von 1986 heisst es in Zitation der Synode, nicht in der Regel, aber in Notfällen könne ein evangelischer Mitchrist die

Eucharistie empfangen. ‚Ein solcher Christ muss zum eucharistischen Mahl zugelassen werden, wenn seine Bitte einem wahren geistlichen Bedürfnis entspricht und er wegen physischer oder moralischer Unmöglichkeit die Kommunion in der eigenen Gemeinde nicht empfangen kann.'

In den Medien wurde bezüglich der Enzyklika ‚Ecclesia de Eucharistia' von Papst Johannes Paul II., die am Gründonnerstag 2003 erschien, meist gesagt, dass sie die geltenden Normen einfachhin noch einmal neu festschreibt. Das ist nicht ganz zutreffend. Zwar erinnert die Enzyklika an die geltenden Normen, geht dann aber darüber hinaus, indem sie das schwerwiegende ‚geistliche Bedürfnis' (spiritualis necessitas) als Kriterium für die mögliche Zulassung zur Eucharistie nennt. Dieser Begriff war früher schon in einer römischen Instruktion aus dem Jahr 1972 verwendet worden; er wurde aber im Kirchenrecht von 1983 und im Ökumenischen Direktorium von 1993 *nicht* aufgegriffen . Die subjektiven Interpretationsmöglichkeiten des Begriffs waren als Problem empfunden worden. Wenn nun die päpstliche Enzyklika von 2003 den Begriff des geistlichen Bedürfnisses wieder aufnimmt, ist dies wegweisend. Trotz der Schwierigkeit, objektive Kriterien zu benennen, und - wie anzunehmen ist - im Bewusstsein dieser Problematik wird nun doch auch von römischer Seite an diesem Begriff festgehalten. Darin kann man das Signal erkennen, die Notfälle, die zu definieren den Bischofskonferenzen aufgetragen ist, nicht engherzig zu beschreiben…".

17 Dettwiler M., SEK: Pointierte Worte zu Abendmahl und Wiedertaufe, Reformierte Presse 46/2004, 1;3. Vgl. auch: facultativ – Beilage zur Reformierten Presse 02/2004 zum Thema „Abendmahl".

Weiterführende Literatur

Boff Leonardo	Kleine Sakramentenlehre, Düsseldorf 2003
Hell Silvia / Lies Lothar (Hrsg.)	Amt und Eucharistiegemeinschaft, Ökumenische Perspektiven und Probleme, Innsbruck – Wien 2004
Kardinal Schönborn Christoph	Wovon wir leben können, Das Geheimnis der Eucharistie, Freiburg – Basel – Wien 2005
Söding Thomas (Hrsg.)	Eucharistie, Positionen katholischer Theologie, Regensburg 2002
Stuffler Martin / Winter Stephan	Grundkurs Liturgie, Geladen zum Tisch des Herrn, Die Feier der Eucharistie, Regensburg 2004